Mascagni: Cavalleria Rusticana

Ópera en Uno Acto

Traducción al Español y Comentarios
por E. Enrique Prado

Libreto de
Giovanni Targioni-Tozzetti
y Guido Menasci

Jugum Press

ဆု

ISBN-13: 978-1-939423-64-1

ISBN-10: 1-939423-64-3

Estudio de Compositor Pietro Mascagni
— De Wikimedia Commons — en.wikipedia.org
(en el dominio público en los Estados Unidos)

Impreso en los Estados Unidos de América
Publicado por Jugum Press
www.jugumpress.com

Edición y diseño:
Annie Pearson, Jugum Press
Consultas y correspondencia:
jugumpress@outlook.com

Índice

Prefacio ℘ Cavalleria Rusticana

En 1890 el compositor Pietro Mascagni, que se encontraba en la más completa pobreza y siendo totalmente desconocido, sobrevivía en Cerignola un pequeño poblado, cuando decidió inscribir esta obra en el concurso para operas de un solo acto organizado por el editor milanés Sonzogno. En el concurso participaron más de setenta autores. Mascagni obtuvo el primer premio.

La premier de *Cavalleria Rusticana* fue en el Teatro Costanzi de Roma el 17 de Mayo de 1890. Esta primera presentación se llevó a cabo con gran éxito.

Cavalleria es considerada como la obra iniciadora del "Veris mo" italiano. Mascagni gozó de fama universal debido a ésta obra. Sin embargo murió olvidado en la soledad en 1945.

Traducción y comentarios por
E. Enrique Prado Alcalá
Tepoztlán, Julio de 1997

Sinopsis ❧ Cavalleria Rusticana

La acción tiene lugar en un pequeño pueblo de Sicilia, la joven Santuzza está decepcionada por la infidelidad de su amado Turiddu, quien de nuevo se encuentra pretendiendo amorosamente a Lola, esposa de Alfio.

En la mañana del Domingo de Pascua afuera de la iglesia Santuzza, cuenta su pena a Lucia, madre de Turiddu. Mientras los aldeanos se dirigen a misa, Santuzza espera a Turiddu, y cuando llega le implora que regrese con ella pero es rechazada brutalmente.

Dominada por los celos, y profundamente herida, Santuzza revela a Alfio la existencia del romance entre Lela su esposa y Turiddu.

Alfio según la costumbre siciliana, busca a Turiddu y lo reta a un duelo a muerte. Turiddu lleno de malos presentimientos, se despide de su madre Lucia le pide su bendición y le implora que cuide de Santuzza.

Turiddu muere en el duelo Santuzza y Lucia quedan desoladas por la pena.

FIN

Reparto ☙ Cavalleria Rusticana

TURIDDU – Un soldado, Tenor
ALFIO – Un lugareño, Barítono
LOLA – Su esposa, Mezzo-Soprano
MAMMA LUCIA – Madre de Turiddu, Contralto
SANTUZZA – Una lugareña, Soprano
Aldeanos, campesinos, niños.

Tiempo: Un domingo de Pascua.
Lugar: Un pueblo en Sicilia.

Libreto ☙ Cavalleria Rusticana

La escena representa una plaza en un pueblo de Sicilia. Atras y a la derecha una iglesia.
A la izquierda el mesón de Mamma Lucia. Es Domingo de Pascua.

TURIDDU

O Lola ch'ai di latti la cammisa	1. ¡Oh Lola con su bata láctea
Si bianca e russa comu la círasa,	blanca y roja como ciruela,
Quannu t'affacci fai la vucca a risa,	Cuando apareces sonriente,
Biato cuí ti dà lu primu vasu!	haces feliz a quien te dio el primer beso!
Ntra la porta tua lu sangu è sparsu	La marca de sangre, está en tu puerta
È nun me mporta si ce muoru accísu...	y no me importa si muero...
E s'iddu muoru e vaju mparadisu	Y por ti voy al paraíso
Si nun se truovo a ttia, mancu ce trasu.	pero si no te encuentro, allí no estaré feliz.

Escena Uno

MUJERES

Gli aranci olezzano	2. Los naranjos perfuman
Sui verdi margini,	en los verdes surcos,
Cantan le allodole	Cantan las alondras
Tra i mirti in fior;	entre los mirtos en flor;
Tempo è si mormori	Tiempo es de murmurar
Da ognuno il tenero	por todos el tierno
Canto che i palpiti	canto que acelera
Raddoppia al cor.	el palpitar del corazón.

HOMBRES

In mezzo al campo	3. En medio del campo
Tra le spiche d'oro	entre las espigas de oro
Giunge il rumor	Nos llega el rumor
Delle vostre spole	de sus hoces
Noi stanchi	Nosotros cansados
Riposando dal lavora	descansamos del trabajo
A voi pensiam,	pensando en ustedes,

HOMBRES *(continuato)*
O belle occhi-di-sole...
A voi corriamo
Come vola l'augello
Al suo richiamo.

MUJERES
Cessin le rustiche
Opre: la Vergine
Serena allietasi
Del Salvator;
Tempo è si mormori
Da ognuno il tenero
Canto che i palpiti
Raddoppia al cor.

O ellos ojos de sol...
A ustedes corremos
como vuela el pájaro
a su reclamo.

4. Cesan los rústicos
trabajos: la Virgen
Serena es bendecida
por el Salvador;
Tiempo es de que todos
murmullen el tierno
canto que acelera
el corazón.

Escena Dos

SANTUZZA
Dite, mamma Lucia...

5. Dime, mamá Lucia...

LUCIA
Sei tu? Che vuoi?

6. ¿Eres tú? ¿Qué quieres?

SANTUZZA
Turiddu ov'è?

7. ¿En dónde está Turiddu?

LUCIA
Fin qui vieni a cercare
Il figlio mio?

8. ¿Vienes a buscar
a mi hijo?

SANTUZZA
Voglio saper soltanto,
Perdonatemi voi, dove trovarlo.

9. Solo quiero saber,
perdóneme usted, donde encontrarlo.

LUCIA
Non lo so, non lo so,
Non voglio brighe!

10. ¡No lo sé, no lo sé,
No me molestes!

SANTUZZA
Mamma Lucia, vi supplico piangendo
Fate come il Signore a Maddalena,
Ditemi per pietà dov'è Turiddu...

11. Mamá Lucia, te suplico llorando
Sé cómo el Señor con Magdalena,
Dime por piedad en donde está Turiddu...

LUCIA
È andato per il vino
a Francofonte.

12. Fue a traer el vino
a Francofonte.

SANTUZZA
No! L'han visto in paese
Ad alta notte.

13. ¡No! Aquí lo vieron
Anoche ya tarde.

LUCIA
Che dici?
Se non è tornato a casa!

14. ¿Qué dices?
¡Si no ha regresado a la casa!

(Volteándose hacia la puerta de su casa.)
¡Entra!

Entra!

SANTUZZA
Non posso entrare in casa vostra
Sono scomunicata!

15. No puedo entrar en su casa
¡Estoy excomulgada!

LUCIA
E che ne sai
del mio fígliolo?

16. ¿Y qué es lo que sabes
de mi hijito?

SANTUZZA
Quale spina ho in core!

17. ¡Tengo una espina en el corazón!

Escena Tres

ALFIO
Il cavallo scalpita,
I sonagli squillano,
Schíocca la frusta. E va!
Soffí il venti gelido,
Cada l'acqua o nevichi,
A me che cosa fa?

18. El caballo se encabrita,
suenan los cascabeles,
Chasquea el látigo. ¡Vamos!
¿Sopla el viento gélido,
caiga agua o nieve,
a mí que me importa?

CORO
O che bel mestiere
Fare il carrettiere
Andar di qua e di là!

19. ¡Oh que bella vida
la de los carreteros
andar de aquí para allá!

ALFIO
M'aspetta a casa Lola
Che m'ama e mi consola
Ch'è tutta fedeltà.
Il cavallo scalpíti,
I sonagli squillino ,
È Pasqua, ed io son qua!

20. Me espera en la casa Lola
Que me ama y me consuela,
que es toda fidelidad.
El caballo se encabrita,
suenan los cascabeles,
¡Es Pascua y yo estoy aquí!

CORO
O che bel mestiere
Fare il carrettiere
Andar di qua e di là!
Schiocca la frusta. E và!

21. ¡Oh que bella vida
la del carretero
andar de aquí para allá!
Chasquea el látigo. ¡Vamos!

LUCIA
Beato voi, compar Alfio,
Che siete sempre allegro così!

22. ¡Tienes suerte compadre Alfío,
que siempre estás alegre!

ALFIO
Mamma Lucia,
N'avete ancora
Di quel vecchio vino?

23. ¿Mamá Lucia,
Todavía tienes
de aquel viejo vino?

LUCIA
Non so;
Turiddu é andato
A provvederne.

24. No lo sé;
Turiddu ha ido
a traerlo.

ALFIO
Se è sempre qui!
L'ho visto stamattina
Vicino a casa mia.

25. ¡Pero él está aquí!
Lo he visto ésta mañana
cerca de mi casa.

LUCIA
Come?

26. ¿Como?

SANTUZZA
Tacete.

27. Cállate.

ALFIO
Io me ne vado,
Ite voi altre in chiesa.

28. Yo me voy,
Tú vete a la iglesia.

CORO
Regina coeli laetare.
Alleluja!
Quia quem meruisti portare.
Alleluja!
Resurrexit sicut dixit.
Alleluja!

29. *Regina coeli laetare.*
¡Alleluja!
Quia quem meruisti portare.
¡Alleluja!
Resurrexít sícut dixít.
¡Alleluja!

SANTUZZA, LUCIA Y CORO
Innehgiamo,
Il signor non è morto,
Ei fulgente
Ha dischiuso l'avel,
Inneggiam
Al Signore risorto
Ogi asceso
Alla gloria del Ciel!

CORO
Ora pro nobis Deum.
Alleluja!
Gaude et laetare, Virgo Maria.
Alleluja!
Quia surrexit Domínus vere.
Alleluja!

30. ¡Regocijémonos,
El Señor no está muerto,
El luminoso
ha abierto la tumba,
Regocijémonos
El Señor resucitado
Que hoy ascendió
A la gloria del Cielo!

(Dentro de la iglesia.)
31. *Ora pro nobis Deum.*
¡Alleluja!
Gaude et laetare Virgo María.
¡Alleluja!
Quia surrexit Dominus vere.
¡Alleluja!

Todos entran en la iglesia excepto Lucia y Santuzza.

Escena Cuatro

LUCIA
Perché m'hai fatto
Segno di tacere?

SANTUZZA
Voi lo sapete, o mamma,
Prima d'andar soldato,
Turiddu aveva a Lola
Eterna fè giurato.
Tornó la seppe sposa;
E con un nuovo amore
Volle spegner la fiamma
Che gli bruciava el core:
M'amò, l'amai.
Quell'invidia d'ogni delizia mia
Del suo sposo dimentica,
Arse di gelosia...
Ma l'ha rapito...
Priva dell'onor mio rimango:
Lola e Turiddu s'amano,
Io piango, io piango!

LUCIA
Miseri noi,
Che cosa vieni a dirmi
In questo santo giorno?

32. ¿Porque me has hecho
señas para que me calle?

33. Tú lo sabes oh mamá,
antes de irse de soldado,
Turiddu le juró a Lola
que le tendría eterna fe.
Al regresar la encontró;
casada y con un nuevo amor
Quiso apagar la llama
que le quemaba el corazón:
Me amó y lo amé.
Mia Pero, ella envidiosa de mi dicha,
se olvida de su esposo,
Arde de celos...
Me lo ha robado...
y me quedo privada de mi honor:
¡Lola y Turiddu se aman,
Y yo lloro, yo lloro!

34. ¿Pobres de nosotros,
que cosa vienes a decirme
en éste día santo?

SANTUZZA
Io son dannata.
Andate o mamma
Ad implorare Iddio
E pregare per me.
Verrà Turiddu,
Vo' supplicarlo
Un altra volta ancora!

LUCIA
Aiutatela voi, Santa Maria!

35. Yo estoy condenada.
Ve mamá,
A implorarle a Dios,
y rogar por mí.
¡Cuando Turiddu, venga
quiero suplicarle
Una vez más!

(Dirigiéndose a la iglesia.)
36. ¡Ayúdala tú, Santa Maria!

Escena Cinco

TURIDDU
Tu qui, Santuzza?

37. ¿Tu aquí, Santuzza?

SANTUZZA
Qui t'aspettavo.

38. Aquí te esperaba.

TURIDDU
È Pasqua,
In chiesa non vai?

39. ¿Es Pascua,
No vas a la iglesia?

SANTUZZA
Non vo.
Debbo parlarti...

40. No voy.
Debo hablarte...

TURIDDU
Mamma cercavo.

41. Buscaba a mi mamá.

SANTUZZA
Debbo parlarti...

42. Debo hablarte...

TURIDDU
Qui no! Quí no!

43. ¡Aquino! ¡Aquí no!

SANTUZZA
Dove sei stato?

44. ¿En dónde has estado?

TURIDDU
Che vuoi tu dire?
A Francofonte!

45. ¿Qué quieres decir?
¡A Francofonte!

SANTUZZA
No, non è ver!

46. ¡No, no es verdad!

TURIDDU
Santuzza, credimi...

47. Santuzza, créeme...

SANTUZZA
No, non mentire;
Ti vidi volger
Giù dal sentier...
E stamattina, all'alba,
T'hanno scorto
Presso l'uscio di Lola.

TURIDDU
Ah! Mi hai spiato?

SANTUZZA
No, te lo giuro.
A noi l'ha raccontato
Campar Alfio
Il marito, poco fa.

TURIDDU
Cosi ricambi
L'amor che ti porto?
Vuoi che m'uccida?

SANTUZZA
Oh, questo non lo dire...

TURIDDU
Lasciami dunque, lasciami...
Invan tenti sopire
Il giusto sdegno
Colla tua pietà.

SANTUZZA
Tu l'ami dunque?

TURIDDU
No!

SANTUZZA
Assai più bella
È Lola.

TURIDDU
Taci, non l'amo.

SANTUZZA
L'ami...
Oh, maledetta!

TURIDDU
Santuzza!

48. No, no mientas;
Te vi regresar
por el sendero...
Ésta mañana, al alba,
Te han visto
cerca de la puerta de Lola.

49. ¡Ah! ¿Me has espiado?

50. No, te lo juro.
A nosotros nos lo ha contado
hace poco su marido,
el compadre Alfio.

51. ¿Así correspondes
el amor que te tengo?
¿Quieres que me mate?

52. Oh, esto no lo diré...

53. Entonces déjame, déjame...
En vano tratas
de disminuir mi justo desdén
pidiendo piedad.

54. ¿Entonces tú la amas?

55. ¡No!

56. Tan bella que
Es Lela.

57. Calla, no la amo.

58. La amas...
¡Oh, maldita!

59. ¡Santuzza!

SANTUZZA
Quella cattiva femmina
Ti tolse a me!

TURIDDU
Bada, Santuzza,
Schiavo non sono
Di questa vana
Tua gelosia!

SANTUZZA
Battimi, insultami
T'amo e perdono,
Ma è tropo forte
L'angoscia mía.

60. ¡Esa malvada mujer
te robó de mi lado!

61. ¡Ten cuidado, Santuzza,
No soy esclavo
de estos tus
tontos celos!

62. Golpéame, insúltame
Te amo y te perdono,
Pero es muy grande
mi angustia.

Escena Seis

LOLA
Fior di giaggiolo,
Gli angeli belli
Stanno a mille in cielo,
Ma bello come lui
Ce n'è uno solo.

63. Flor del iris,
de los bellos ángeles
que están por miles en el cielo,
Pero bellos como ellos
solo, hay uno solo.

(Entra Turiddu.)

LOLA *(continuato)*
Oh! Turiddu...
È passato Alfio?

¡Oh! Turiddu...
¿Ha pasado Alfio por aquí?

TURIDDU
Son giunto ora in piazza.
Non so...

64. Acabo de llegar a la plaza.
No lo sé...

LOLA
Forse è rimasto
Dal maniscalco,
Ma non può tardare.
E... voi
Sentite le funzioni in piazza?

65. Quizás se quedó
Con el herrero,
Pero no puede tardar.
¿Y... tu
Oíste la misa en la plaza?

TURIDDU
Santuzza mi narrava...

66. Santuzza me contaba...

SANTUZZA
Gli dicevo che oggi è Pasqua
E il Signor vede ogni cosa!

67. ¡Le decía que hoy es Pascua
Y que el Señor lo ve todo!

LOLA
Non venite alla messa?

68. ¿No viniste a la misa?

SANTUZZA
Io no, ci deve andar chi sa
Di non aver peccato.

69. Yo no, solo pueden ir
los que no han pecado.

LOLA
Io ringrazio il Signore
E bacio in terra.

70. Doy gracias al Señor
Y beso la tierra.

SANTUZZA
Oh, fate bene, Lola!

71. ¡Oh, haces bien, Lola!

TURIDDU
Andiamo, andiamo!
Qui non abbiam che fare.

(A Lola)
72. ¡Vámonos, vámonos!
No tenernos nada que hacer aquí.

LOLA
Oh! Rirnanete!

73. ¡Oh! ¡Quédense aquí!

SANTUZZA
Si, resta, resta,
Ho da parlarti ancora!

(A Turiddu)
74. ¡Si, quédate, quédate,
Tengo que hablarte otra vez!

LOLA
E v'assista il Signore:
Io me ne vado.

75. Que te asista el Señor:
Yo me voy.

(Entra en la iglesia.)

Escena Siete

TURIDDU
Ah! Lo vedi,
Che hai tu detto?

SANTUZZA
L'hai voluto, e ben ti sta.

TURIDDU
Ah! Perdio!

SANTUZZA
Squarciami il petto!

TURIDDU
No!

SANTUZZA
Turiddu, ascolta!

TURIDDU
No!

SANTUZZA
No, no Turiddu,
Rimani ancora.
Abbandonarmi
Dunque tu vuoi?

TURIDDU
Perché seguirmi,
Perché spiarmi
Sul limitare
Fin della chiesa?

SANTUZZA
La tua Santuzza
Piange e t'implora;
Come cacciarla
Cosí tu puoi?

76. ¡Ah! ¿Lo ves,
Que has dicho?

77. Tú lo has querido, así sea.

78. ¡Ah! ¡Por Dios!

79. ¡Destrózame el pecho!

80. ¡No!

81. ¡Turiddu, escolta!

82. ¡No!

83. No, no Turiddu,
Quédate aquí.
¿Abandonarme
entonces quieres?

84. ¿Porque me sigues,
Porque me espías
Sin respeto
para la iglesia?

85. ¡Tu Santuzza
llora y te implora;
como tú puedes
rechazarla así?

TURIDDU
Va, ti ripeto
Va non tediarmi,
Pentirsi è vano
Dopo l'offesa!

86. ¡Vete, te repito
vete no me enfades,
Es en vano arrepentirse
después de que me ofendiste!

SANTUZZA
Bada!

87. ¡Ten cuidado!

TURIDDU
Dell'ira tua non mi curo!

88. ¡No me libro de tu ira!

(El la arroja al suelo y corre hacia la iglesia.)

SANTUZZA
A te la mala Pasqua, spergiuro!

(Furiosa)
89. ¡Mala Pascua para ti, perjuro!

Escena Ocho
(Llega Alfio y encuentra a Santuzza.)

SANTUZZA
Oh! Il Signore vi manda
Campar Alfio.

90. ¡Oh! El Señor te manda
Compadre Alfio.

ALFIO
A che punto è la messa?

91. ¿En qué parte va la misa?

SANTUZZA
E tardi ormai, ma per voi
Lola è andata con Turiddu!

92. ¡Ya es tarde, pero escucha
Lola se fue con Turiddu!

ALFIO
Che avete detto?

93. ¿Qué has dicho?

SANTUZZA
Che mentre correte
All'aqua è al vento
A guadagnarvi il pane,
Lola v'adorna il tetto
In malo modo!

94. ¡Que mientras andabas en tu
carreta en la lluvia y en el
viento para ganar el pan,
Lola te adorna la cabeza
en mal modo!

ALFIO
Ah! Nel nome di Dio,
Santa, che dite?

95. ¡Ah! ¿En el nombre de Dios,
Santa que dices?

SANTUZZA
Il ver. Turiddu
Mi tolsa l'onore,
E vostra moglie
Lui rapiva a me!

96. La verdad. Turiddu
¡Me robó el honor,
y vuestra mujer
me lo ha robado!

ALFIO

Se vo í mentite,
Vo' schiantarvi il core!

97.   ¡Si tu mientes,
te arrancaré el corazón!

SANTUZZA

Uso a mentire
Il labbro mio non è!
Per la vergogna mia,
Pel mio dolore
La triste verità
Vi dissi, ahimè!

98.   ¡Mis labios no
acostumbran mentir!
¡Por mi vergüenza,
Por mi dolor
la triste verdad
te he, dicho!

ALFIO

Comare Santa,
Allor grato vi sono.

99.   Amiga Santa,
Entonces te lo agradezco.

SANTUZZA

Infame io son
Che vi parlai cosí!

100.   ¡Soy una infame
por hablarte así!

ALFIO

Infami loro:
Ad essí non perdono;
Vendeta avrò
Pria che tramonti il di.
Io sangue voglio,
All'ira m'abbandono,
In odio tutto,
L'amor mio finì...

101.   Son unos infames:
No los perdonaré;
Me vengaré
Antes de que pase el día.
Quiero sangre,
Me dejo llevar por la ira,
Todo mi amor,
En odio termina...

Intermedio Sinfónico

Escena Nueve
La gente sale de la iglesia. Lucia va hacia su casa.

HOMBRES

A casa, a casa,
Amici, ove ci aspettano
Le nostre donne,
Andiam.
Or che letizia
Rasserena gli animi
Senza indugio corriam.

102.   A casa, a casa,
Amigos, en donde nos esperan
nuestras mujeres,
Vamos.
Sin retardo
con el alma serena
sin pecado corramos.

MUJERERS
A casa, a casa,
Amiche, ove ci aspettano
I nostri sposi,
Andiam.
Or che letizia
Rasserena gli animi
Senza indugio corriam.

103. A casa, a casa,
en donde nos esperan
nuestros espesos,
Vamos.
Sin tardanza
Con nuestras almas serenas
sin pecado, corramos.

TURIDDU
Comare Lola,
Ve ne andate via
Senza nemmeno salutare?

(A Lola que se vá.)
104. ¿Amiga Lola,
Ya te vas
Sin siquiera saludar?

LOLA
Vado a casa:
Non ho visto compar Alfio!

105. Voy a mi casa:
¡No he visto a tu amigo Alfio!

TURIDDU
Non ci pensate,
Verrá in piazza.
Intanto amici, qua,
Beviamone un bicchiere.

106. No he pensado en él,
Vendrá a la plaza.
Mientras tanto, amigos,
bebamos una copa.

(Todos entran a la taberna y toman copas de vino.)

Viva il vino spumeggiante
Nel bicchiere scintillante,
Come il riso dell'amante
Mite infonde il giubilo!
Viva il vino ch'è sincero
Che ci allieta ogni pensiero,
E che annega l'umor nero,
Nell'ebbrezza tenera.

¡Viva el vino espumante
en la copa cintilaste,
como la risa de la amante
que te infunde júbilo!
Viva el vino que es sincero
que alegra los pensamientos,
y que ahoga al humor negro,
con la alegre ebriedad.

CORO
Viva il vino spumeggiante, etc.

107. Viva el vino espumante, etc.

TURIDDU
Ai vostri amori!

(A Lola)
108. ¡Por tus amores!

(Brinda)

LOLA
Alla fortuna vostra!

(A Turiddu)
109. ¡Por tu fortuna!

(Brinda)

TURIDDU
Beviam!

110. ¡Bebamos!

CORO
Beviam! Viva il vin!

111.   ¡Bebamos! ¡Viva el vino!

(Entra Alfio)

Escena Diez

ALFIO
A voi tutti salute!

112.   ¡Saludos a todos!

CORO
Compar Alfio, salute!

113.   ¡Saludos amigo, Alfio!

TURIDDU
Benvenuto!
Con noi dovete bere:

114.   ¡Bienvenido!
Debes beber con nosotros:

Ecco, pieno è il bicchiere.

(Le llena una copa.)
Aquí, llena está la copa.

ALFIO
Grazie, ma il vostro vino
Io non l'accetto!
Diverrebbe veleno
Entro il mio petto.

(Rechazándola)
115.   ¡Gracias, pero tu vino
No lo acepto!
Se convertirá en veneno
dentro de mi pecho.

TURIDDU
A piacer vostro!

(Arroja lejos el vino.)
116.   ¡Como quieras!

LOLA
Ahimè! Che mai sarà?

117.   ¡Cielos! ¿Qué va a pasar?

MUJERES
Comare Lola,
Andiamo via di qua.

(A Lola)
118.   Comadre Lola,
Vámonos de aquí.

(Salen Lola y todas las mujeres.)

TURIDDU
Avete altro a dirmi?

119.   ¿Tienes otra cosa que decirme?

ALFIO
Io? ... Nulla!

120.   ¿Yo? ... ¡Nada!

TURIDDU
Allora sono agli ordini vostri.

121.   Ahora estoy a tus órdenes.

ALFIO
Or ora?

122.   ¿Ahora mismo?

TURIDDU
Or ora!

123. ¡Ahora mismo!

(Alfio y Turiddu se abrazan.
Turiddu le muerde la oreja derecha en señal de reto.)

ALFIO
Compare Turiddu,
Avete marso a buono...
C'intenderemo bene,
A quel che pare!

124. Compadre Turiddu,
Me has mordido...
¡Según parece nos,
entenderemos bien!

TURIDDU
Compar Alfio!
Lo so che il torto è mio:
E ve lo giuro
Nel nome di Dio
Che al par d'un cane
Mi farei sgozzar,
Ma... si'o non vivo,
Resta abbandonata...
Pavera Santa! ...
Lei che mi s'è data...
Vi saprò in core
Il ferro mio piantar!

125. ¡Amigo Alfio!
Sé que la culpa es mía:
Y te lo juro
En el nombre de Dios
que al igual que a un perro
me haría degollar,
Pero si no vivo,
Queda abandonada...
¡La pobre Santa! ...
Que se me ha entregado...
¡Pero yo sabré plantar mi fierro
en tu corazón!

ALFIO
Compare,
Fate come più vi piace;
Io v'aspetto qui fuori
Dietro l'orto.

126. Amigo,
Haz lo que más te plazca;
Yo te espero aquí afuera
Detrás de la huerta.

(Sale)

Escena Once

TURIDDU
Mamma,
Quel vino è generoso, e certo
Oggi troppi bicchieri
Ne ha tracannati...
Vado fuori all'aperto.
Ma prima voglio
Che mi benedite
Come quel giorno
Che partii soldato.
E poi... mamma... sentite...
S'io... non tornassi...
Voi dovrete fare
Da madre a Santa,
Ch'io le avea giurato
Di condurla all'altare.

LUCIA
Perché parli cosi, figliuol mio?

TURIDDU
Oh! Nulla!
È il vino che mi ha suggerito!
Per me pregate Iddio!
Un baccio, mamma...
Un altro bacio... addio!

127. Mamá,
Deberás que éste vino, es generoso.
Todos tomamos mucho
Y nos hemos embriagado...
Yo voy hacia afuera.
Pero antes quiero
Que me bendigas
Corno aquel día
En que me fui como soldado.
Y después... mamá... escucha...
Si yo... no regresara...
Tú deberás ser
La madre de Santa,
A quien yo le había jurado
Llevarla al altar.

128. ¿Porque hablas así, hijito mío?

129. ¡Por nada!
¡El vino me lo ha sugerido!
¡Ruega a Dios por mí!
Un beso, mamá...
Otro beso... ¡Adiós!

(La abraza y sale corriendo.)

LUCIA
Turiddu, che vuoi dire?
Turiddu, Turiddu, ah!

Santuzza! ...

SANTUZZA
Oh! Madre mia!

(Se escuchan ruidos confusos a la distancia.)

MUJERES
Hanno ammazzato compare Turíddu!

(Con desesperación corre detrás de él.)
130. ¡Turiddu, que fue lo que dijiste?
¡Turiddu, Turiddu, ah!

(Entra Santuzza.)
Santuzza! ...

(Abrazando a Lucia.)
131. ¡Oh! ¡Madre mía!

(Entran corriendo.)
132. Han matado a Turiddu!

(Todos gritan.)

FIN

Biografía de Pietro Mascagni

Pietro Antonio Stefano Mascagni nació en Livorno Italia el 7 de Diciembre de 1863.

Estudió música en el Instituto L. Cherubini y en el Conservatorio de Milán en donde fue compañero de Puccini y de Amilcare Ponchielli. Ahí estudió piano, violín, órgano, y contrabajo además armonía y contrapunto.

Es un exponente del "Verismo" el estilo que caracteriza a los personajes por su comportamiento violento ante situaciónes de tensión emocional.

En 1889 se casó con Lina Cabagnani con quien procreó un hijo—Domenico—que falleció a los 4 meses de edad.

En 1889 participó en un concurso para óperas de un solo acto organizado por el editor Sonzogno y obtuvo el primer lugar con Cavalleria Rusticana la cual fué estrenada con gran éxito el 17 de Mayo de 1890 en el Teatro Constanzi de Roma.

Regresa a Livorno en 1891 y compone L'Amico Fritz que obtiene un éxito pasajero. En 1898 y 1901 compone Iris y Le Maschere que no obtienen la aprobación del público.

Compuso 17 óperas aunque solo dos se ejecutan en la actualidad: Cavalleria Rusticana y L'Amico Fritz. Además escribió 84 obras para piano, para música vocal, y música sacra.

Fue el músico oficial para el régimen fascista de Mussolini para quien compuso su última ópera que fue Nerone.

En 1903, inició una relación con Anna Lolli que duró hasta su muerte en 1945.

Mascagni falleció repentinamente en el Hotel Plaza de Roma desilusionado y en la miseria, tenia 82 años de edad.

Óperas de Pietro Mascagni

Cavalleria rusticana
L'amico Fritz
I Rantzau
Guglielmo Ratcliff
Silvano
Zanetto
Iris
Le maschere
Amica
Isabeau
Parisina
Lodoletta
Il Piccolo Marat
Pinotta
Nerone

Acerca de Estas Traducciones

El Dr. Eduardo Enrique Prado Alcalá nació en 1937 en el norte de México, estudió la carrera de medicina y se especializó en cáncer ginecológico y cáncer de mama.

Ejerció su carrera durante 40 años y finalmente llegó a la edad del retiro.

Desde la edad de 42 años, se hizo aficionado a la ópera y a la música clásica y formó parte de un grupo de amigos aficionados a estas disciplinas. Tuvo la oportunidad de asistir a funciones operísticas en la Ciudad de México, en Guadalajara México, en Toluca México, en Mazatlán México, en Seattle, en Madrid y en Londres. Organizó en la Ciudad de Mazatlán tres conciertos de música clásica, uno de ellos en la catedral.

಼

Jugum Press y Ópera en Español

Prensa publica estas traducciones de ópera por Dr. E.Enrique Prado:

Vincenzo Bellini:
Norma

Georges Bizet:
Carmen

Gaetano Donizetti:
Anna Bolena, Don Pasquale, Lucia di Lammermoor,
Lucrezia Borgia

Ruggero Leoncavallo:
I Pagliacci

Pietro Mascagni:
Cavalleria Rusticana

Wolfgang Amadeus Mozart:
Die Zauberflöte, Don Giovanni, Le Nozze di Figaro

Giacomo Puccini:
La Boheme, La Fanciulla del West, Madama Butterfly, Manon Lescaut, Tosca
El Tríptico: Gianni Schicchi, Suor Angelica, Il Tabarro

Giacchino Rossini:
Il Barbiere Di Siviglia, La Cenerentola

Giuseppe Verdi:
Aida, Un Ballo in Maschera, Don Carlo, Ernani, Falstaff, La Forza del Destino,
I Lombardi, Macbeth, Nabucco, Otello, Rigoletto, Simon Boccanegra, La Traviata,
Il Trovatore

Para información y disponibilidad, por favor vea
www.operaenespanol.com
Correo: JugumPress@outlook.com
Síganos en Twitter: @jugumpress
Regístrate para nuestras noticias: http://eepurl.com/5m7tj